chön häßlich heiß kalt Krieg Frieden hoch tief Sinn Unsinn Frohsinn Trübsinn Scharfsinn
hnell langsam Sinn Unsinn Frohsinn Trübsinn Scharfsinn Schwachsinn Wahnsinn **Sinn des**
Scharfsinn Schwachsinn Wahnsinn **Sinn des Lebens** rechts links oben unten leicht schwer
n des Lebens alles nichts voll leer reich arm Macht Ohnmacht Haben Sein Sinn Unsinn
t Sonne Mond Mann Frau Ordnung Chaos Sinn Uns Scharfsinn
s Lebens gut böse schön häßlich heiß kalt Krieg Fried n Frohsinn
ich Feuer Wasser schnell langsam Sinn Unsinn Frohsinn chwachsinn
nsinn Frohsinn Trübsinn Scharfsinn Schwachsinn Wahnsinn **Sinn des Lebens** rechts links
hwachsinn Wahnsinn **Sinn des Lebens** alles nichts voll leer reich arm Macht Ohnmacht
ns Tag Nacht Ebbe Flut Sonne Mond Mann Frau Ordnung Chaos Sinn Unsinn Frohsinn
Wahnsinn **Sinn des Lebens** gut böse schön häßlich heiß kalt Krieg Frieden hoch tief Sinn
chwach hart weich Feuer Wasser schnell langsam Sinn Unsinn Frohsinn Trübsinn Scharfsinn
inus Sinn Unsinn Frohsinn Trübsinn Scharfsinn Schwachsinn Wahnsinn **Sinn des Lebens**
harfsinn Schwachsinn Wahnsinn **Sinn des Lebens** alles nichts voll leer reich arm Macht
es Lebens Tag Nacht Ebbe Flut Sonne Mond Mann Frau Ordnung Chaos Sinn Unsinn
vachsinn Wahnsinn **Sinn des Lebens** gut böse schön häßlich heiß kalt Krieg Frieden hoch
ein stark schwach hart weich Feuer Wasser schnell langsam Sinn Unsinn Frohsinn Trübsinn
mpf plus minus Sinn Unsinn Frohsinn Trübsinn Scharfsinn Schwachsinn Wahnsinn **Sinn des**
osinn Scharfsinn Schwachsinn Wahnsinn **Sinn des Lebens** alles nichts voll leer reich arm
n des Lebens Tag Nacht Ebbe Flut Sonne Mond Mann Frau Ordnung Chaos Sinn Unsinn
vachsinn Wahnsinn **Sinn des Lebens** gut böse schön häßlich heiß kalt Krieg Frieden hoch
ein stark schwach hart weich Feuer Wasser schnell langsam Sinn Unsinn Frohsinn Trübsinn
plus minus Sinn Unsinn Frohsinn Trübsinn Scharfsinn Schwachsinn Wahnsinn **Sinn des Lebens**
n Scharfsinn Schwachsinn Wahnsinn **Sinn des Lebens** alles nichts voll leer reich arm
n des Lebens Tag Nacht Ebbe Flut Sonne Mond Mann Frau Ordnung Chaos Sinn Unsinn
vachsinn Wahnsinn **Sinn des Lebens** gut böse schön häßlich heiß kalt Krieg Frieden hoch
ein stark schwach hart weich Feuer Wasser schnell langsam Sinn Unsinn Frohsinn Trübsinn
mpf plus minus Sinn Unsinn Frohsinn Trübsinn Scharfsinn Schwachsinn Wahnsinn **Sinn des**
osinn Scharfsinn Schwachsinn Wahnsinn **Sinn des Lebens** alles nichts voll leer reich arm
n des Lebens Tag Nacht Ebbe Flut Sonne Mond Mann Frau Ordnung Chaos Sinn Unsinn
vachsinn Wahnsinn **Sinn des Lebens** gut böse schön häßlich heiß kalt Krieg Frieden hoch
ein stark schwach hart weich Feuer Wasser schnell langsam Sinn Unsinn Frohsinn Trübsinn
mpf plus minus Sinn Unsinn Frohsinn Trübsinn Scharfsinn Schwachsinn Wahnsinn **Sinn des**
osinn Scharfsinn Schwachsinn Wahnsinn **Sinn des Lebens** alles nichts voll leer reich arm
n des Lebens Tag Nacht Ebbe Flut Sonne Mond Mann Frau Ordnung Chaos Sinn Unsinn
achsinn Wahnsinn **Sinn des Lebens** gut böse schön häßlich heiß kalt Krieg Frieden hoch
in stark schwach hart weich Feuer Wasser schnell langsam Sinn Unsinn Frohsinn Trübsinn
mpf plus minus Sinn Unsinn Frohsinn Trübsinn Scharfsinn Schwachsinn Wahnsinn **Sinn des**
osinn Scharfsinn Schwachsinn Wahnsinn **Sinn des Lebens** alles nichts voll leer reich arm

Dieter W. Weinstock

Sinn des Lebens

Doris Leupold, Dez. 97

Dieses Buch ist für alle,

die erkennen,

daß der Friede des Ganzen

von den Anstrengungen

des Einzelnen

für das Gemeinwohl abhängt.

Sinn
des Lebens

Menschen
aus dem Landkreis Fulda
und ihr Sinn des Lebens

Photobildband von
Dieter W. Weinstock

Verlag Parzeller

Die Veröffentlichung dieses Bildbandes
wurde gefördert durch:

Kreissparkasse Fulda

Landkreis Fulda

ISBN 3 7900 0290 9

Layout: Dieter W. Weinstock
Gesamtherstellung: Druckerei Parzeller, Fulda

Vorwort

Der Neutralität wegen verzichte ich auf das übliche erklärende Vorwort.

Möge jeder Betrachter/Leser der Photos und Texte sich seine ureigenste Meinung zu diesem Projekt bilden.

Besonders danke ich den Sponsoren dieses Bildbandes:

Unserem **Landrat, Herrn Fritz Kramer,** dessen Bereitschaft und Schirmherrschaft dieses Projekt ermöglicht hat. Ich danke für seine Neutralität und die **totale Freiheit,** welche er mir bei der Realisierung dieses Projektes zugestand. Erwähnen möchte ich auch sein aus menschlicher Tiefe kommendes Gefühl und das Wissen um die existentielle Wichtigkeit der Kunst, welche mit ihren Mitteln in der Lage ist, Empfindungen auszudrücken und zu wecken, was Worte nicht vermögen.

Herrn Direktor Hans Runk, Kreissparkasse Fulda, für seine Bereitschaft, die Ausstellung in seinen Räumen gestalten zu dürfen.

Herrn Dr. Thomas Schmitt, Verleger der Fuldaer Zeitung, Geschäftsführer des Verlages Parzeller, für seine wohlwollende Begleitung bei der Realisierung des Bildbandes.

Und natürlich danke ich allen im Bildband dargestellten Personen für ihr Vertrauen,

den Mut mitzumachen,

sich der vielleicht wichtigsten, intimsten Frage nach dem Sinn des Lebens zu stellen,

den Mut zum „seelischen Striptease",

den Mut, sich auch noch photographieren zu lassen,

den Mut zur Selbstdarstellung.

Ihre Freude soll mein Dank sein

Dieter W. Weinstock

3 Minuten nach der Geburt

URSULA, GRZEGORZ + JAN SEBASTIAN

BARZ-OLSZESSKI

Unser Sinn des Lebens:

Die Frage, worin der Sinn des Lebens liegt, ist eine, die uns schon seit einigen Jahren beschäftigt.

Als Jugendliche waren wir der festen Überzeugung, daß wir für großartige Taten auserwählt seien – und wir warteten auf die innere Stimme, die klar und deutlich unsere Aufgabe im Leben formuliert – doch diese Stimme schwieg. Mit dem Schweigen stieg zugleich die Unzufriedenheit mit der eigenen Existenz. Worin liegt meine Aufgabe in dieser Erdenrunde?

Mit dem Geburtserlebnis, welches uns im Innersten tief erschüttert hat, ist uns wahrhaftig ein Licht aufgegangen, welches auf die große Aufgabe strahlt, vor der wir nun stehen. Voller Dankbarkeit und Liebe schauen wir auf dieses kleine Wesen, das so würde- und vertauensvoll in unsere krankende Welt blickt.

Er hat schon so viel bewirkt in seinem neuen kurzen Erdenleben – er hat zwei Menschen neue Hoffnung und Zuversicht gegeben und uns durch die neue große Aufgabe

SINN – erfüllt.

3 Monate nach der Geburt

Ein Paar aus dem Landkreis Fulda

URSULA, GRZEGORZ + JAN SEBASTIAN

BARZ-OLSZESSKI

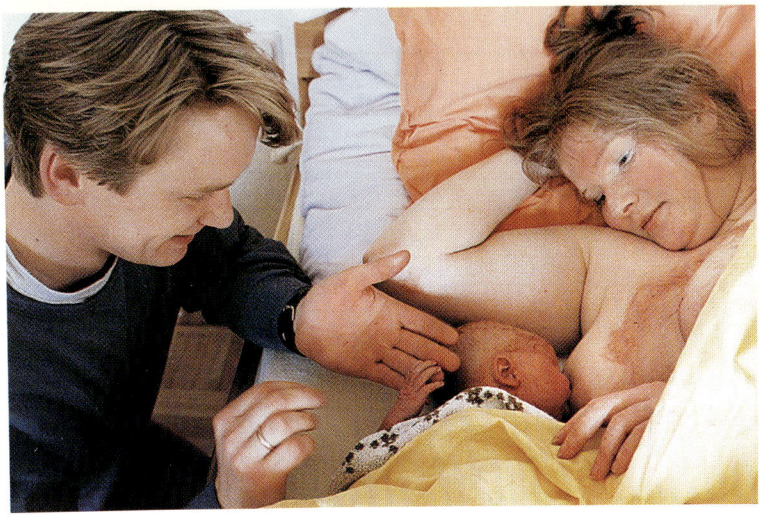

Mein Sinn des Lebens:

Gottvertrauen
Zufriedenheit
Toleranz

LUDWIG FREIHERR
von und zu der Tann

WOLFGANG KENSCHE
Holzschnitzer

Mein Sinn des Lebens:

Auf die Frage nach dem Sinn des Lebens kann ich eine klare Antwort geben: Den Sinn des Lebens sehe ich in dem Bemühen,

Neid, Haß, Mißgunst, Besitzgier, Habgier und **Machtgier** zu überwinden und **in Liebe umzuwandeln,**

denn nur so kann es in der Welt zu einem dauerhaften Frieden kommen.

KARIN REICHARDT

Künstlerin

Mein Sinn des Lebens:

Freude am Leben und an der Arbeit,

im Einklang mit der Natur leben,

Zufriedenheit,

Freunde haben und füreinander da sein.

LOTHAR REICHARDT

Künstler

Mein Sinn des Lebens:

Der Sinn des Lebens ist für mich, einen winzigen Beitrag innerhalb der Evolution zu leisten.

ANDREAS WAHLER

Puppenspieler. Traumtheater Kleinsassen.

Mein Sinn des Lebens:

Durch meinen doch recht außergewöhnlichen Beruf, den ich gerne als „Berufung“ ansehe, bin ich in der glücklichen Lage, meine positive Lebenseinstellung vorzuleben.
Das heißt aber nicht, daß die Theatervorstellungen dem Publikum eine „heile“ Welt vorgaukeln.

So habe ich unter anderem ein Handpuppenspiel für Kinder inszeniert, das sich mit der „Flüchtlingsproblematik“ beschäftigt. Auch hält „Elisabeth“, meine Solomarionette, dem jugendlichen und erwachsenen Zuschauer gerne den kritischen Spiegel vor.

Auf der anderen Seite muß ich meiner Verantwortung gegenüber meinem Publikum gerecht werden.

Es ist ja bekannt, daß das Medium Puppenspiel und Theater z. B. in der Nazizeit zu Propagandazwecken mißbraucht wurde.

ALFONS SARRACH

Publizist

Mein Sinn des Lebens:

Der Sinn des Lebens besteht in der Suche nach dem Sinn des Lebens.

Stadt der Freude
INDIEN

DR. JOHANNES DYBA

Erzbischof/Der Bischof von Fulda

Mein Sinn des Lebens:

Der Sinn des Lebens

„Kinder Gottes sind wir“

Wahlspruch des Bischofs von Fulda.

Der Sinn des Lebens ist es, vollkommen und auf immer glücklich zu werden. Glücklich werden kann ich, indem ich begreife, daß ich ein Kind Gottes bin, weil Gott mich vor aller Zeit gewollt hat, geliebt hat und mich deshalb ins Leben gerufen hat. So ist mein Ursprung in Gott, und meine Zukunft liegt auch in Gott, der jedes seiner Kinder auf ewig glücklich machen will. Denn: „Was kein Auge gesehen und kein Ohr gehört, was sich kein Menschenherz überhaupt erdenken kann, das hat Gott denen bereitet, die ihn lieben“ (1 Kor 2,9). In einem Satz: Der Sinn des irdischen Lebens liegt in der

Vorfreude auf die ewige Seligkeit.

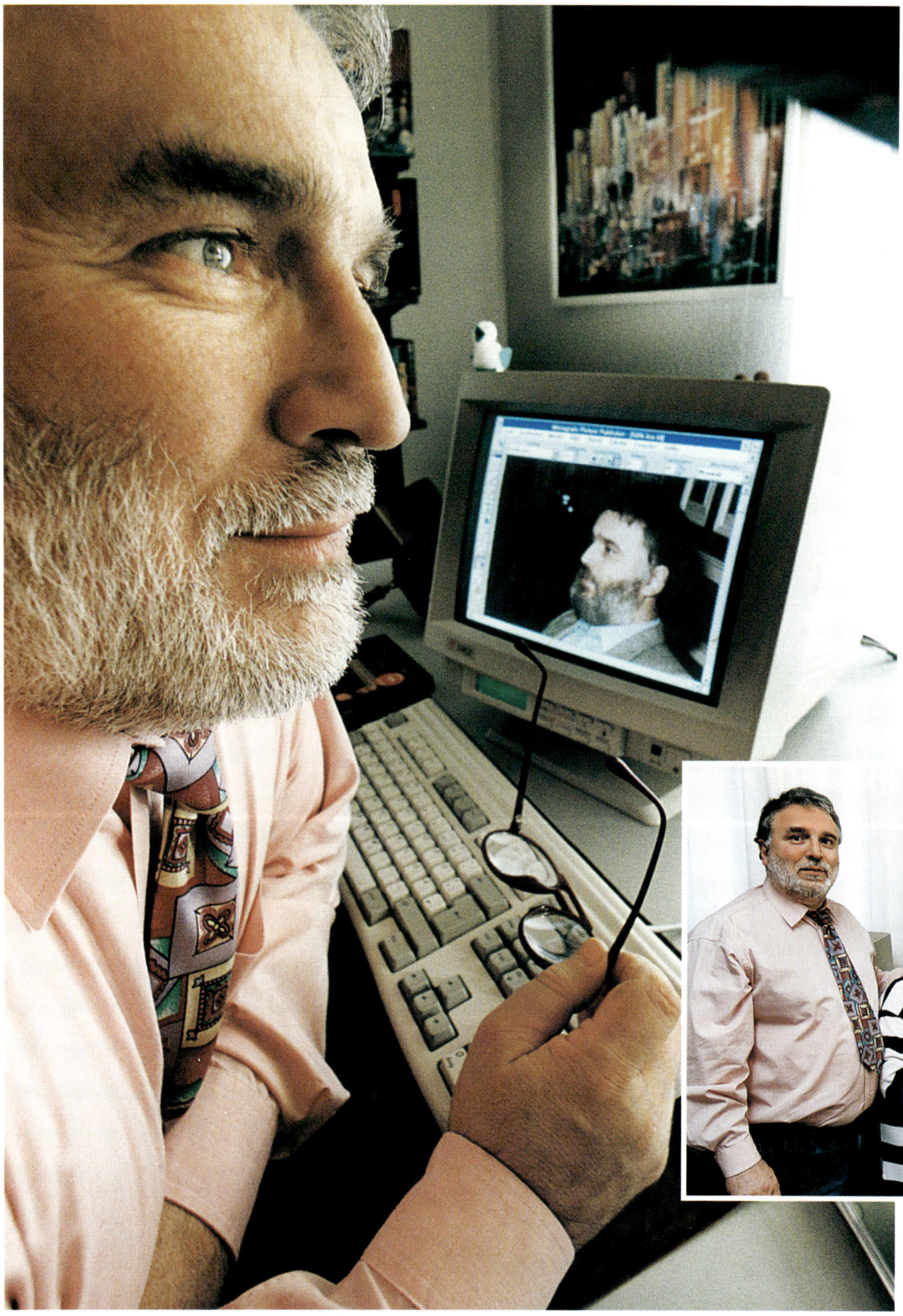

LEOPOLD STEIN

Software Museum Hünfeld

Mein Sinn des Lebens:

Sinn sowie Aufgabe des Lebens ist es, und dies gilt für alles Leben im Universum, Erfahrungen zu sammeln und dies als Wissen zu speichern,

damit nachfolgendes Leben das Wissen in Erkenntnis wandeln kann.

EASY

KARIN AHRENS

Assessor jur./Geschäftsführerin
u. a. Modehaus Schneider in Fulda

Mein Sinn des Lebens:

Die Frage nach dem Sinn des Lebens ist zweifelsohne die Frage der Menschheit schlechthin durch alle Zeiten hindurch. Vermehrt fragen wir nach dem Sinn des Lebens, wenn wir feststellen müssen, daß Kriege Leben und Völker zerstören, Menschen sich gegenseitig vernichten und Grausamkeiten die Welt zu beherrschen scheinen.

Ebenso geht es uns als Individuen, daß wir speziell dann vermehrt nach dem Sinn unseres persönlichen Lebens fragen, wenn wir Trauer, Schmerz, Verlust, Niederlage u. ä. erfahren müssen.

Gerade deshalb muß ich mir als Person die Frage nach dem Sinn meines Lebens klar beantworten können, um trotz negativer Lebenserfahrungen eine Antwort zu haben, die es mir ermöglicht, meine Existenz im Ganzen grundsätzlich zu bejahen und in ihr Sinn zu sehen, um in Freude, Hoffnung und Zutrauen mein Leben zu meistern und nicht an ihm zu verzweifeln und zugrundezugehen. Mein Leben besteht aus vielen sehr unterschiedlichen Bereichen, viele Rollen, Aufgaben und Pflichten muß und will ich übernehmen. Aber die unterschiedlichen Tätigkeiten – die Arbeit etwa – machen nicht den eigentlichen tieferen Sinn für mein Leben aus.
Aus der Komplexität meines breit gefächerten Lebensalltages möchte ich eine innere Befriedigung empfinden können. An den Lebensaufgaben, die sich stellen, möchte ich meine Persönlichkeit entwickeln und entfalten dürfen gemäß den Gaben und Anlagen, die mir mitgegeben wurden, d. h., ich möchte mir insoweit gesetzte Ziele auch verwirklichen. Das ist Aufgabe und Suche, die gewiß durch unsere ganze Zeit geht, die es ermöglicht, sich ein Leben lang zu entwickeln und die Person zu werden, die wir nach unseren Anlagen sein sollten. Nur dann sind wir glücklich, zufrieden, erfolgreich u.v. mehr, nur dann empfinden wir Lebensfreude, Kraft und Vertrauen.
Ich glaube insoweit, daß meine Existenz nur dann Erfüllung und somit Sinn finden kann, wenn ich den Versuch unternehme, mich aller Talente, Schätze, Begabungen, Fähigkeiten und Eigenschaften, die mir von unserem Schöpfer mitgegeben worden sind, würdig zu erweisen, indem ich sie nutze, gut verwalte und vermehre und dies in Verantwortlichkeit nicht nur zum eigenen Wohl.

Dabei habe ich den Wunsch, wie in einem Gebet von Dr. Reinhold Niebuhr ausgedrückt:

Gott gebe mir Gelassenheit, hinzunehmen, was nicht zu ändern ist. Den Mut, zu ändern, was ich ändern kann. Und Weisheit, zwischen beidem zu unterscheiden.

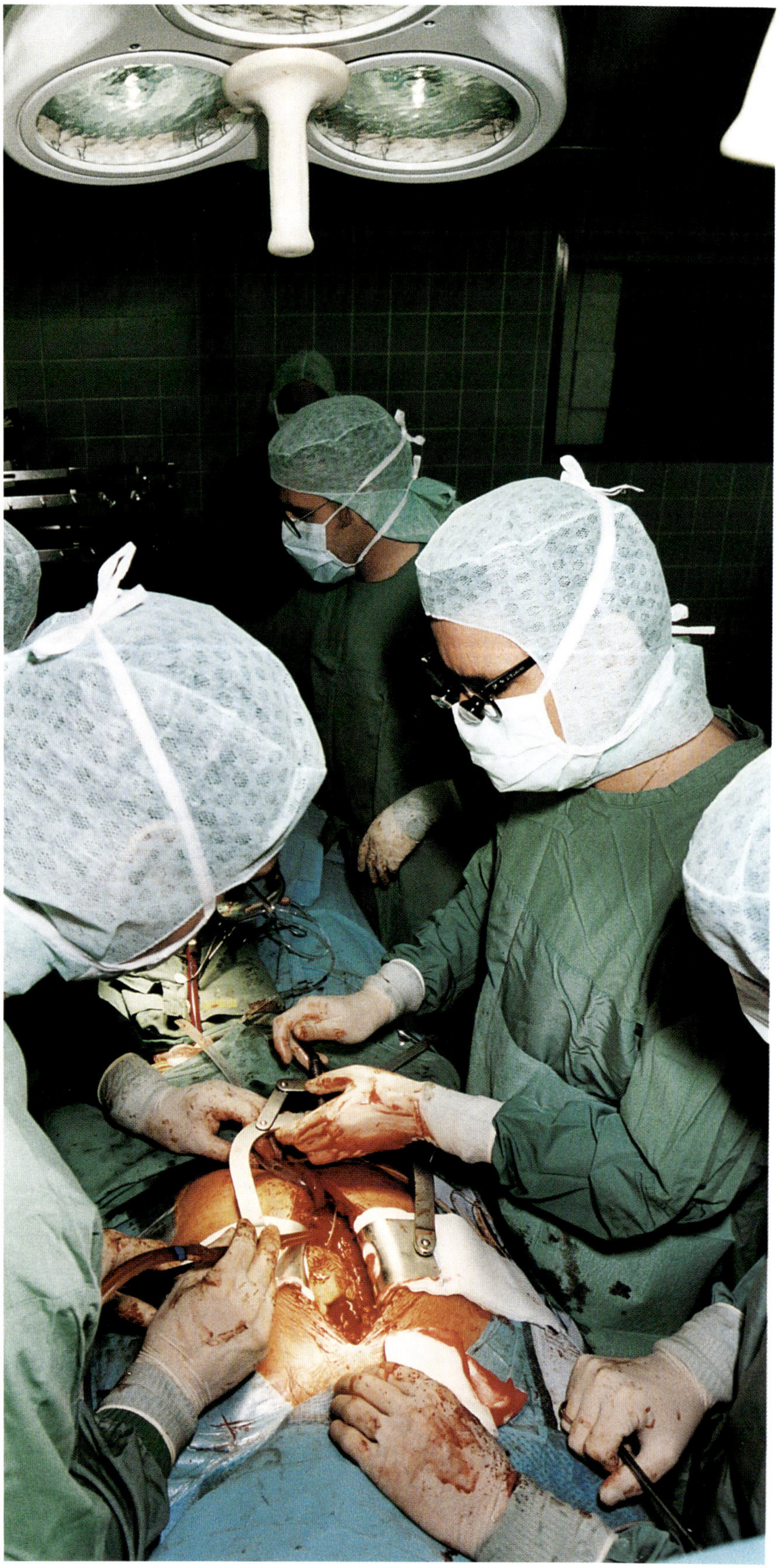

PROF. DR. MED.

TH. STEGMANN

Chirurg
Direktor der Klinik für Thorax-,
Herz- und Gefäßchirurgie Fulda

Mein Sinn des Lebens:

Die Weise, wie der Geist mit dem Körper verbunden ist, kann vom Menschen nicht verstanden werden, und dennoch ist gerade das der Mensch.

Wir erkennen die Wahrheit nicht allein mit der Vernunft, sondern auch mit dem Herzen.

Blaise Pascal (1623–1662)
Pensées

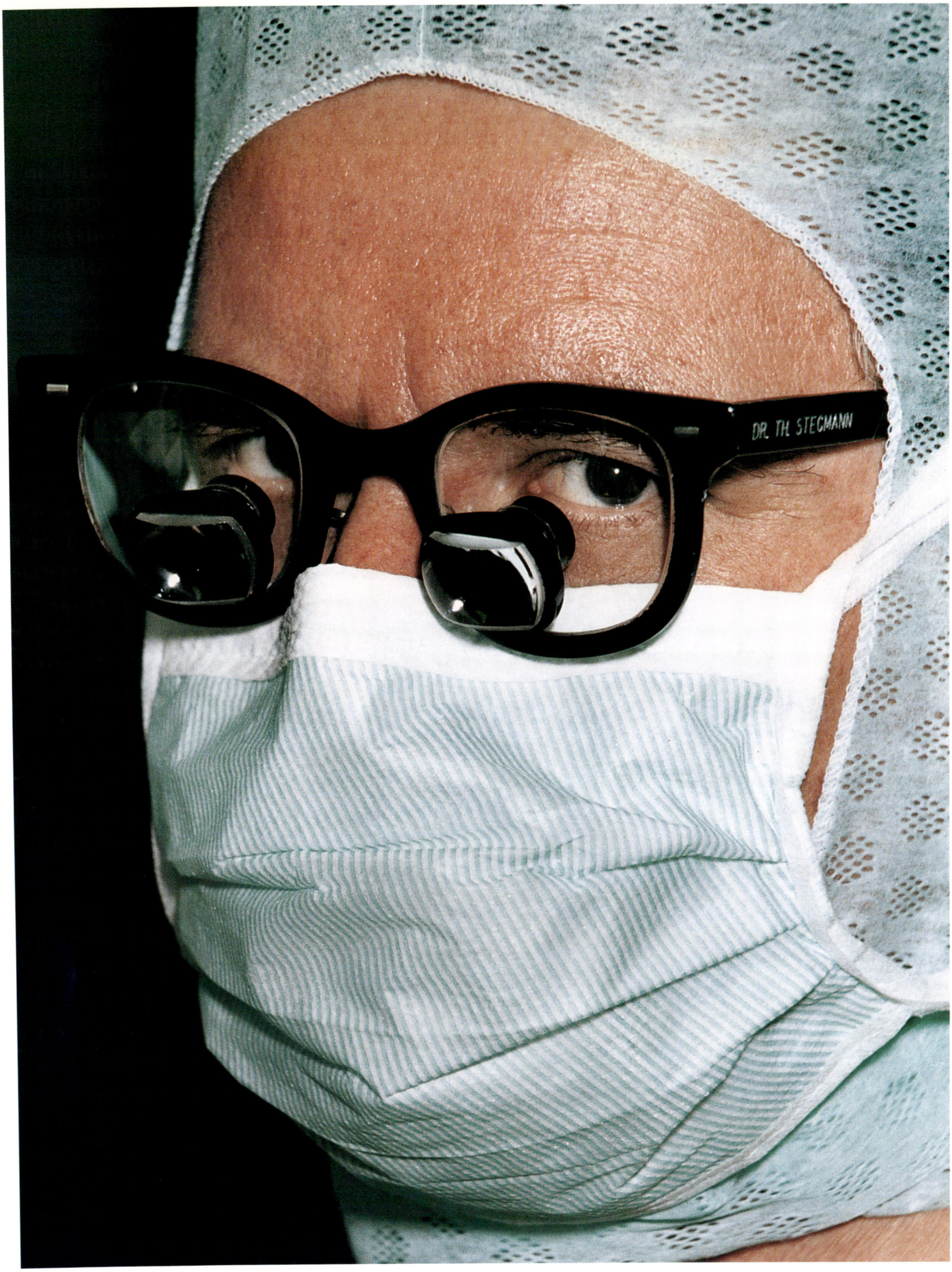
DR. TH. STEGMANN

PROFESSOR

JÜRGEN BLUM

Direktor des Museums Modern Art Hünfeld

Künstler

Mein Sinn des Lebens:

Die Frage nach dem Sinn des Lebens läßt sich nicht damit beantworten, daß ich davon ausgehe, was ich mir einbilde zu sein. Vielmehr tragen wir in uns zumeist Überlieferungen, die nicht unserem eigenen Innern entstammen, sondern fremden Ursprungs sind. Mit ihnen plagen wir uns ab, in der Hoffnung, daraus Erkenntnisse zu gewinnen. Vielleicht besteht der Sinn meines Lebens gerade darin, wandern zu lernen in diesem psychischen Müllhaufen, dort mich zu suchen und zu finden?

ULRICH KINDSCHER

Leiter der Hermann Lietz-Schule
Schloß Bieberstein

Mein Sinn des Lebens:

„Ermutigung zu charaktervollem Leben"

„Emanzipation von äußeren Zwängen"

STEPHAN WEBER

Pfarrer im Ruhestand

Mein Sinn des Lebens:

Schon als junger Schüler wurde uns die Frage nach dem Sinn des Lebens vorgelegt:

„Wozu sind wir auf Erden?“ Wir sind auf Erden, um den Willen Gottes zu erfüllen und dadurch in den Himmel zu kommen.

„In den Himmel kommen“ bedeutet: Bei Gott ein ewiges glückliches Leben zu haben, von Gott unendlich und ewig geliebt zu werden. Der Mensch ist auf „Glücklichsein“
angelegt. Er sucht besonders heute in allen möglichen irdischen Dingen sein Glück, kann aber das volle Glück nicht finden, denn echtes Glück will Ewigkeit. Die Garantie für volles Glück ist Christus.

„So sehr hat Gott die Welt geliebt, daß er seinen einzigen Sohn hingab, damit jeder, der an ihn glaubt, nicht zugrunde geht, sondern das ewige Leben hat.“ (Joh 3,16)

Christus hat uns am Kreuz erlöst, uns den Weg zum Vater geöffnet und uns in seine Nachfolge gerufen. Letzter Sinn des Lebens ist das ewige Leben beim himmlischen Vater.

Der Tod, den jeder Mensch erleiden muß, ist das Ende des irdischen Lebens,

aber mit Christus verbunden,

der Anfang des Ewigen Lebens.

Die erste Bürgermeisterin des Landkreises und Ihr Vorgänger

Jens Plusczyk

MARGIT TRITTIN

Bürgermeisterin der Stadt Gersfeld (Rhön)

Mein Sinn des Lebens:

Ich sehe den Sinn des Lebens darin, eine gute Christin zu sein. Das beinhaltet, eine harmonische Ehe zu führen und den Kindern eine liebevolle und treusorgende Mutter zu sein. Als Bürgermeisterin bedeutet das für mich, die Interessen der Bürgerschaft wahrzunehmen sowie die Entwicklung der Stadt Gersfeld (Rhön) voranzutreiben.

FRANZ BITTNER

Buchhändler

Mein Sinn des Lebens:

Den Sinn des Lebens versuche ich so umzusetzen,
daß ich jeden Tag meines Lebens nutze, um für meine Familie da
zu sein – den Menschen in jeder Form Freude zu bereiten und

Gott für jeden Tag meines Lebens danke!!

KLAUS KAESLER

Leiter der Caritas-Einrichtungen
der Behindertenhilfe

Mein Sinn des Lebens:

In zunehmendem Alter erkenne ich immer mehr, daß mein Leben ein großes Geschenk ist. Es ist wohl die Absicht Gottes, daß ich lebe.

Was ich bin, ist daher wichtiger als das, was ich tue. In jedem Fall sollte das Tun Ausdruck des eigenen Wesens sein.

Und das Wenige, was ich tun kann, kann viel sein.

Ich bete oft, daß ich Gottes Willen erkennen und Gutes durch mein Tun bewirken möge.

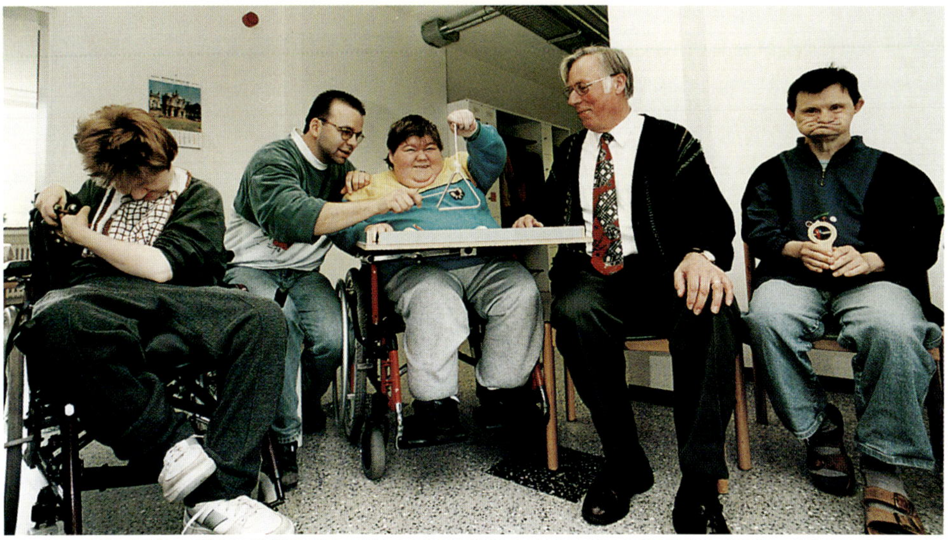

JOHANNA WALTHER

betreibt seit 1973 in der Rhön eine Werkstatt für die Herstellung der genähten Werke von Franz Erhard Walther. Im Rahmen des Vereins JAZZFREUNDE FULDA e. V. seit 1989 Konzert-Organisation.

Mein Sinn des Lebens:

Ich würde gerne mit e i n e m kleinen Satz geantwortet haben, das geht aber nicht.

Ich denke, der Sinn des Lebens liegt in meiner Existenz – ich empfinde mich als einen glücklichen Menschen, dem alle Sinne offen sind, im Fluß mit mir, seit ich weiß, wo in meiner Biographie die Ursachen für meine Motivation liegen.

Die menschlichen Ausdrucksmöglichkeiten sind mir wesentlich, hier manifestiert sich mir Leben und Ziel.

Als meine Kinder klein waren, erkannte ich, nur wenn es auch den anderen Kindern gut geht, kann es meinen Kindern gut gehen...; daraus erwuchs mir quasi eine Handlinganweisung, die sich als endlos erweist, mich, die Welt einschließt...

Die Welt ist mir nicht fest gefügt, sondern eine Kette, ein Netz von Entscheidungen, Energien und Paradoxien.

MATTHIAS STORCK

Mein Sinn des Lebens:

Der Sinn des Lebens liegt für mich in der Erweiterung des eigenen Selbst. In der täglichen Konfrontation mit dem, was das Leben an Chancen und Krisen bereithält, besteht die Möglichkeit, eigene Grenzen zu erkennen, diese in Frage zu stellen und Stück für Stück zu überschreiten. Dies ist oft mit Angst und Unsicherheit verbunden.

Der Lohn ist etwas mehr Freiheit und Verständnis für mich und andere.

EVELIN ULLMANN

Mein Sinn des Lebens:

Wer bin ich? – Nur wenn ich mich selbst kenne, kann ich andere Menschen verstehen.

HOLGER SOHAM GERULL

Freier Künstler

Mein Sinn des Lebens:

Die Schönheit des Göttlichen um mich herum und in mir selbst wahrnehmen zu können und erleben zu dürfen, gehört seit meiner Kindheit für mich zu den tiefgreifendsten und berührendsten Erfahrungen – nur, daß ich diese damals noch nicht ausdrücken konnte.

Mein privates Leben wie auch meine künstlerische Arbeit sind getragen von meiner Dankbarkeit, im Moment hier sein zu dürfen und die Größe und Harmonie, die allem zugrunde liegt, erahnen und gestalten zu können.

Disharmonien und Dunkelheit, Enge und Begrenzung, Ängste und Leid als Teile meines Daseins sind mir durchaus bewußt und Katalysator auf meinem Weg

– dem Weg,

Schönheit und Harmonie ins Leben zu bringen.

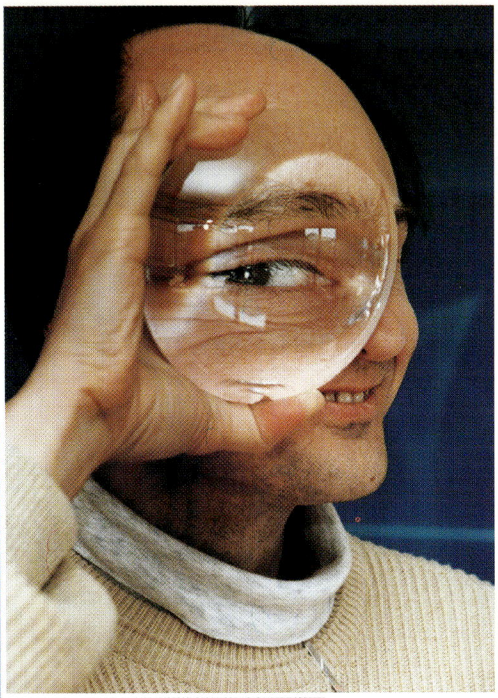

CHAINAN CHRISTA WALTHER

Mein Sinn des Lebens:

Wenn ich heute sterben würde, könnte ich sagen, „dieses Leben“ hat mich von Außen nach Innen geführt – vom „äußeren Schein“ zu meinem „inneren Sein“.

Meine Körperbehinderung, verursacht durch einen „Unfall“ im Kindesalter, ließ mir keine andere Wahl – sie hat mich gezwungen, einzutauchen in die inneren Welten und mich auch im materiellen Sein meiner Seele zu erinnern und die Verbindung zu meiner Seele zu bewahren.

Dies ist für mich der Sinn „dieses meines Lebens“.

In der Langsamkeit meiner Bewegung zur Ruhe, Stille und Einsicht zu kommen, um die Schönheit der Existenz wahrzunehmen, darin meine eigene Schönheit zu erkennen und für die Gnade und das Geschenk dieses Lebens dankbar zu sein.

MENSCHEN
HIERSEIN
FREUDE
GÖTTLICHES SEIN

WOLFRAM BRASSEL

Apotheker

Mein Sinn des Lebens:

Der Sinn des Lebens besteht für mich darin, die Tatsache anzuerkennen, zu verinnerlichen, zu leben und auszudrücken, daß alles Gott ist. Gott ist Geist. Der Geist ist unendlich, er kennt keine Grenzen. Aus ihm stammt alles, aus und in ihm lebt alles.

Jedes Wesen, jede Handlung, jedes Atom, jeder Gedanke, jede Form von Materie und Antimaterie ist Gott. Alles ist Gott.

Es ist wichtig für mich, die Illusion abzubauen, daß es eine polare Welt von Gut und Böse, von Täter und Opfer gibt. Denn Jesus sagte ja: „Richtet nicht!" Sinngemäß heißt das für mich: Laß deine Wertvorstellung fallen. Denn, wenn Gott alles ist, gibt es nichts, wo und was Gott nicht ist.
Ich muß nur meine Sinne für die Wahrheit, die jenseits unserer Vorstellungen liegt, öffnen. Dann werde ich sehen, daß ich beschützt bin und nichts tun muß. Ich darf mich bereithalten und zu Gott Ja sagen.

Für mich ist der Sinn und das Ziel meines Lebens: zu erfassen, daß Gott Anfang und Ende ist, Alles und Nichts, Unendlichkeit und Nullpunkt.
Ich glaube, daß wir in der bedingungslosen Hingabe an das Nichts oder alles mit Gott verschmelzen, der gleichzeitig Nichts und Alles ist. Dadurch stellen wir die Einheit mit Gott wieder her.
Ich glaube, daß die selbstgestellte Aufgabe aller Menschen, aller Wesen, der sogenannten toten und belebten Materie, unserer Erde und unserer Universen ist, das Bewußtsein der Einheit mit Gott wieder herzustellen.
Ich bin zuversichtlich, daß ich, wenn ich diese Aufgabe vollständig als Tatsache annehmen würde, von einem wunderbaren Gefühl von Sicherheit und Geborgenheit erfüllt wäre, denn ich würde dann ja erfahren, daß alles auf dem gleichen Weg ist wie ich.

Und alles ist Gott.

HELMUT SORG

Präsident der IHK Fulda/
Geschäftsführer von Ford Sorg

Mein Sinn des Lebens:

Die Frage nach dem Sinn des Lebens betrachte ich gewissermaßen als einen Dauerauftrag, weil sie sich für mich immer wieder neu stellt. Sie ist vielschichtig und erfordert ständig eine Antwort, die zeit- und situationsbedingt unterschiedlich ausfallen kann. Sie spiegelt sich in der Erfüllung meines Lebensauftrages wider, bestimmt mein Handeln, gibt mir Orientierung und Kraft, meinen Alltag zu bewältigen.

Der Öffentlichkeit meine inneren Antriebskräfte und das Ziel meines Tuns zu offenbaren, bedeutet für mich ein gewisses Maß an Selbstüberwindung. Ich möchte mich deshalb kurz fassen:

Maxime meines Handelns ist der unablässige Versuch, in allen meinen Lebensbereichen verantwortungsvoll tätig zu sein und meine Pflicht gewissenhaft zu erfüllen.

Das bedeutet für mich in erster Linie Engagement im zwischenmenschlichen Bereich, d.h. meinen Mitmenschen aufgeschlossen und freundlich zu begegnen, ihnen zu vertrauen und ihr Vertrauen zu gewinnen, ihnen, wenn nötig, zu raten und zu helfen. Ich bemühe mich, in meinem Verantwortungsbereich sachgerechte, menschliche Entscheidungen zu treffen und zwar in meinem beruflichen und außerberuflichen Umfeld.

Ich betrachte es als meine Aufgabe, die wirtschaftliche und gesellschaftliche Entwicklung aufmerksam zu verfolgen und zu versuchen, über meine berufliche Tätigkeit hinaus an ihr gestaltend mitzuwirken und Verantwortung für die Gemeinschaft zu übernehmen.

DR. ALFRED DREGGER

Ehrenvorsitzender der CDU/CSU-Bundestagsfraktion

Mein Sinn des Lebens:

Das Leben als Geschenk, Aufgabe und Herausforderung annehmen, seine Möglichkeiten – ebenso die gottgeschaffene Natur wie die schönen Seiten der Künste – zur Entfaltung bringen und für die Seinen, die Nächsten und sich selbst nutzen.

Leben bewußt erleben.

ERICH GUTBERLET

Bildjournalist, Lichtbildner

Mein Sinn des Lebens:

20.30 Uhr, Sommerabend, milde Luft, Dunst, Gegenlicht. Die Sonne steht im Westen über dem Horizont, eine Schafherde zieht mit ihrem Schäfer friedlich über die Hochrhön...

Eine stimmungsvolle Szene, die ich mit meiner Kamera einfange und verewige. In seltenen Augenblicken wie diesem bin ich zufrieden, daß ich einen Beruf gefunden habe, der mich mit erfüllt und meinem Leben so etwas wie einen Sinn gibt.

BOSS
PLAUBEL

FRITZ KRAMER

Landrat des Landkreises Fulda

Mein Sinn des Lebens:

„Die Frage nach dem Sinn des Lebens ist deshalb so bedeutsam, weil sie sich jedem von uns irgendwann stellt und doch keine allgemeingültige Antwort kennt: Unser Leben wird immer nur den Sinn haben, den wir ihm ganz persönlich und individuell geben.

Meine Erfahrung sagt mir, daß unserer Einstellung zum anderen eine Schlüsselrolle zukommt. Wir sind nicht geboren, um allein zu sein. Wir brauchen den anderen und bleiben auf ihn angewiesen. Ich glaube, daß unsere Welt besser und wir selbst zufriedener wären, wenn jeder von uns sich das täglich bewußt machen würde."

ILSE STIEWITT

Staatsministerin a.D./
Mitglied des Hessischen Landtages

Mein Sinn des Lebens:

Gewohnt, mich beruflich ständig auf geänderte Situationen einzustellen und dadurch auch immer neue Menschen kennenzulernen, brauche ich in mir selbst einen ruhenden Punkt.

Ich gehe gern mit Menschen um, gehe auf sie zu und möchte und kann auch helfen. Dazu brauche ich Kraft aus mir heraus.

Mit mir selbst zurechtzukommen, zu wissen und erfahren zu haben, daß auch dies eine Art von Arbeit ist, dies macht offen für die Probleme der Mitmenschen.

Dies meint nicht psychologische Analyse, sondern tagtägliches

Miteinander,

Zuhören,

Ratschläge erteilen,

oder auch nur

Dasein,

Aufnehmen,

Ernstnehmen,

Helfen.

Dies will ich

weiterhin tun.

RHÖN
SCHAF HIER !
Die Rhön

MATER ERENTRAUT ESCHBORN

Ehemalige Leiterin der Marienschule

Mein Sinn des Lebens:

Für mich als Christ ist der Sinn des Lebens: Wach sein für Gottes Willen und seinen Ruf in unsere Zeit. Zusätzlich als Ordensfrau schließt der Sinn des Lebens die Verpflichtung für die Erfüllung des Willen Gottes ein: besonders für die Aufgaben der Erziehung und Bildung der Mädchen und jungen Frauen in Schule und Internat.

HANS RUNK

Direktor der Kreissparkasse Fulda

Mein Sinn des Lebens:

In Abwandlung eines Wortes von Alfred Delp:

Wenn durch einen Menschen insgesamt etwas mehr Freude, Glück, Zufriedenheit und Hinwendung zum Guten in die Welt gekommen ist, dann hat sein Leben **einen Sinn gehabt.**

DR. HELMUT SCHÄFER

Vorsitzender der Geschäftsführung
DURA TUFTING GMBH

Mein Sinn des Lebens:

Den Sinn des Lebens sehe ich in dessen Weitergabe.

Und den Sinn meines beruflichen Lebens sehe ich – dieser grundsätzlichen Auffassung entsprechend – in der Bewahrung der mir zu treuen Händen überlassenen Werte, in deren Mehrung durch sorgsamen Umgang mit diesen unter Nutzung der Chancen, die die sich ständig verändernde Umwelt bietet, und letztlich in deren

Weitergabe in geeignete Hände.

ANNEMARIE WIEGAND

Geschäftsführerin Verein Schwarzerden/Rhön e.V. mit Sitz in Gersfeld

Mein Sinn des Lebens:

Am Ende meines Berufslebens bin ich dankbar für die Aufgaben, die sich mir stellten, es waren immer neue Herausforderungen, die mir halfen,

die eigenen Grenzen zu erweitern.

Ein Mensch aus dem Landkreis Fulda

PROF. DR. JOSEPH DEHLER

Hessischer Regierungsbeauftragter für Innovation und Technologieentwicklung

Mein Sinn des Lebens:

Je mehr Menschen an Hunger sterben, ohne Wohnung, Arbeit und gesunde Nahrung sind, unter Krieg, Haß und Einsamkeit leiden, umso geringer wird der Spielraum für die im Hellen Lebenden, sich nach Lust und Laune auszutoben. Der festen Überzeugung, daß unter diesen Umständen nicht nur die Verantwortungsbereitschaft von Politik, Wirtschaft und Wissenschaft gestärkt werden muß, sondern auch unsere je eigene, versuche ich – nicht ohne Widersprüche – in der Solidargemeinschaft der heutigen Generation ein zufriedenstellendes Plätzchen zu finden und gleichzeitig mitzuhelfen, den künftigen Generationen eine lebenswerte Welt zu hinterlassen.
Sozial- und umweltverträgliche Lösungen werden wir nicht finden, wenn wir so tun, als müßten wir die große Last dieser Welt auf unserem kleinen Rücken tragen, sondern nur, indem wir mit Lebensfreude Visionen, Kreativität, Experimentier- und Kommunikationsfähigkeit freisetzen, um diese Welt nachhaltig zu gestalten.
Es erfüllt mich mit Zuversicht, daß wir trotz aller deprimierenden Entwicklungen ein großes Potential an innovativen Menschen und Gruppen haben. Wenn es gelingt, diesen Konkurrenzangst zu nehmen und konstruktives Wissen zu bündeln, haben wir – anstatt des permanenten Dranges nach Erweiterung unseres Konsumfeldes – ungeahnte Möglichkeiten, mehr Lebensqualität für alle zu erreichen.

An solchen Entwicklungen teilzuhaben, ist Lebenselixier.

JOHANNA FROMMEN

Schülerin Marienschule

Im Leben ist mir wichtig:

Meine Familie:
weil wir zusammengehören,
weil ich meinen Eltern und Geschwistern vertrauen kann,
weil wir uns gegenseitig helfen können,
weil wir viel zusammen unternehmen können,
weil es bei uns nie langweilig ist,
weil das Festefeiern in meiner Familie viel Freude macht.

Meine Schule:
weil ich mich auf der Marienschule wohl fühle,
weil die Lehrer nett sind und sich uns gegenüber freundlich verhalten,
weil ich noch viel lernen muß/will für später.

Ich wünsche mir für die Zukunft:
daß es allen Kindern so gut geht wie mir,
daß alle Menschen nicht mehr streiten.

Vielleicht gibt es dann auch keine Kriege mehr auf der Welt.

NUMAN HUSEINBEGOVIC

Künstler Bildhauer

Mein Sinn des Lebens:

Sich gut fühlen

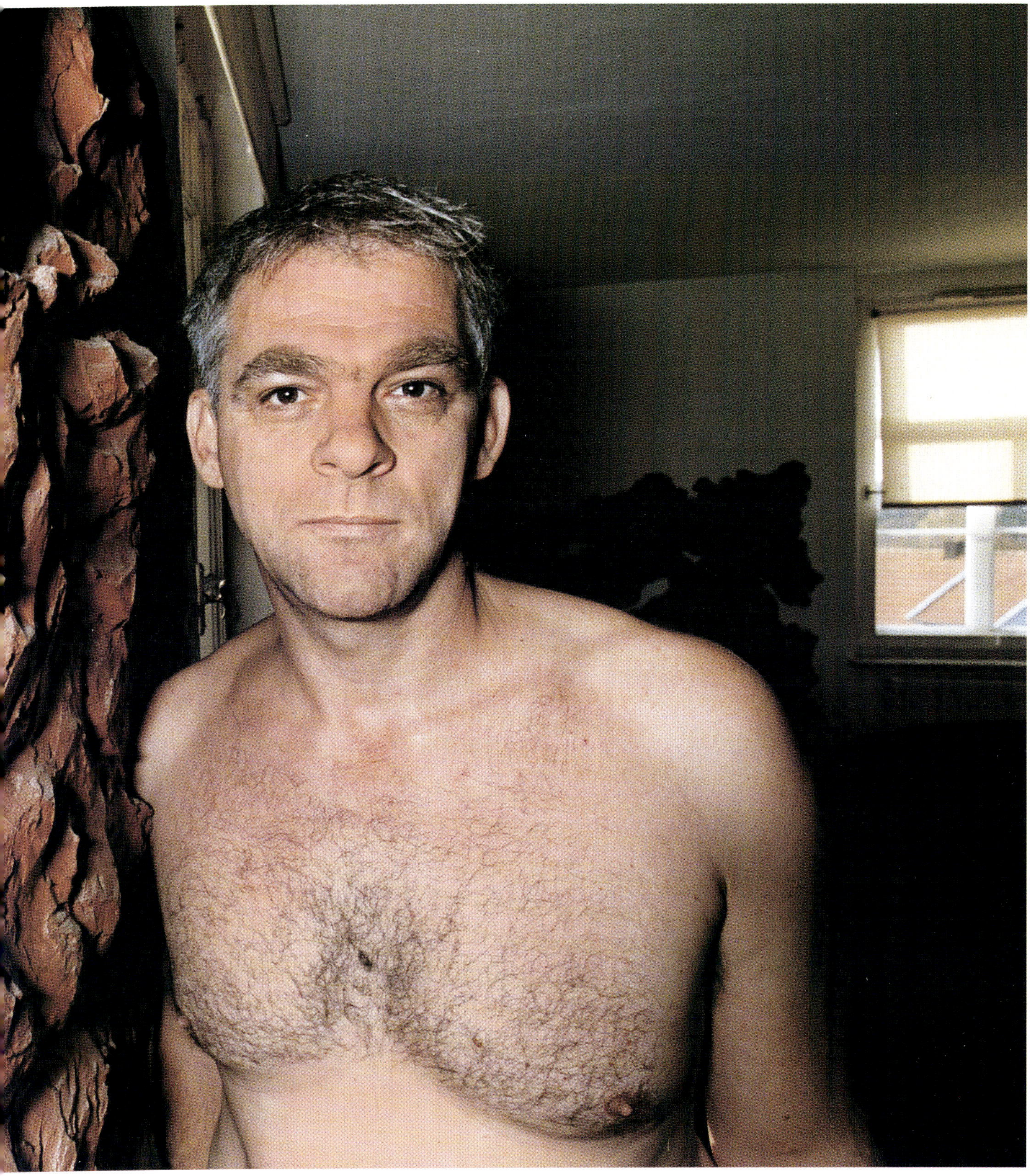

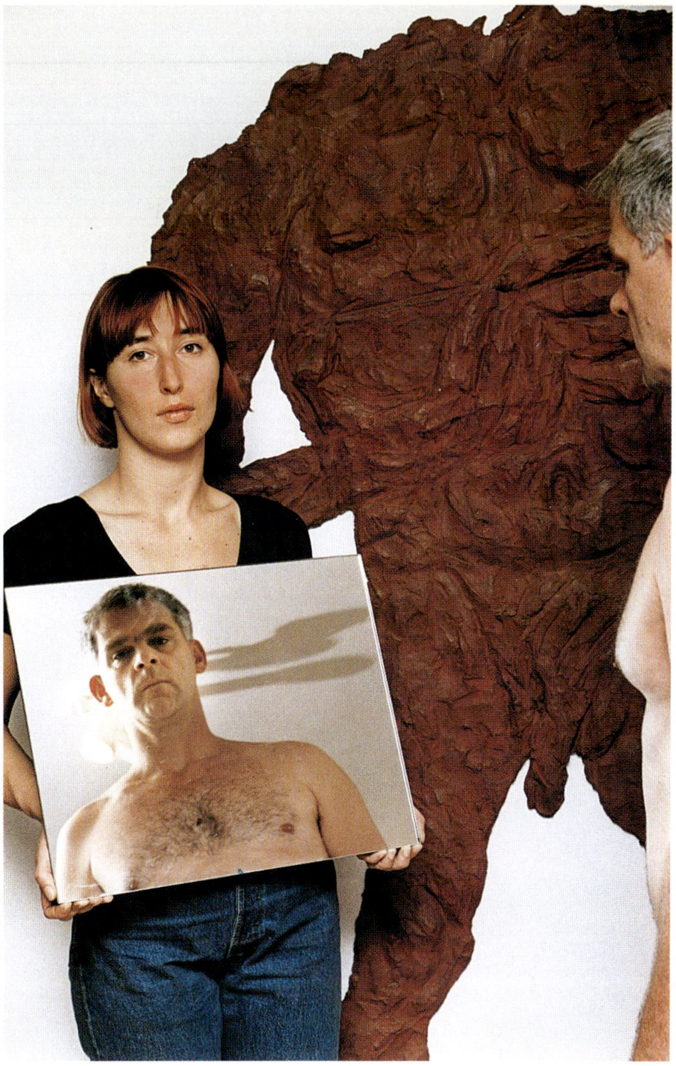

JASMIN HUSEINBEGOVIC

Mein Sinn des Lebens:

Liebe

ODA SCHEIBELHUBER

Bürgermeisterin von Fulda

Mein Sinn des Lebens:

Ich weiß nicht, was der Sinn meines Lebens ist. Das zu bestimmen, überlasse ich vertrauensvoll meinem Herrgott.

Aber ich weiß, was mir im Leben sehr wichtig ist:

ständig dazuzulernen.

Fotomontage

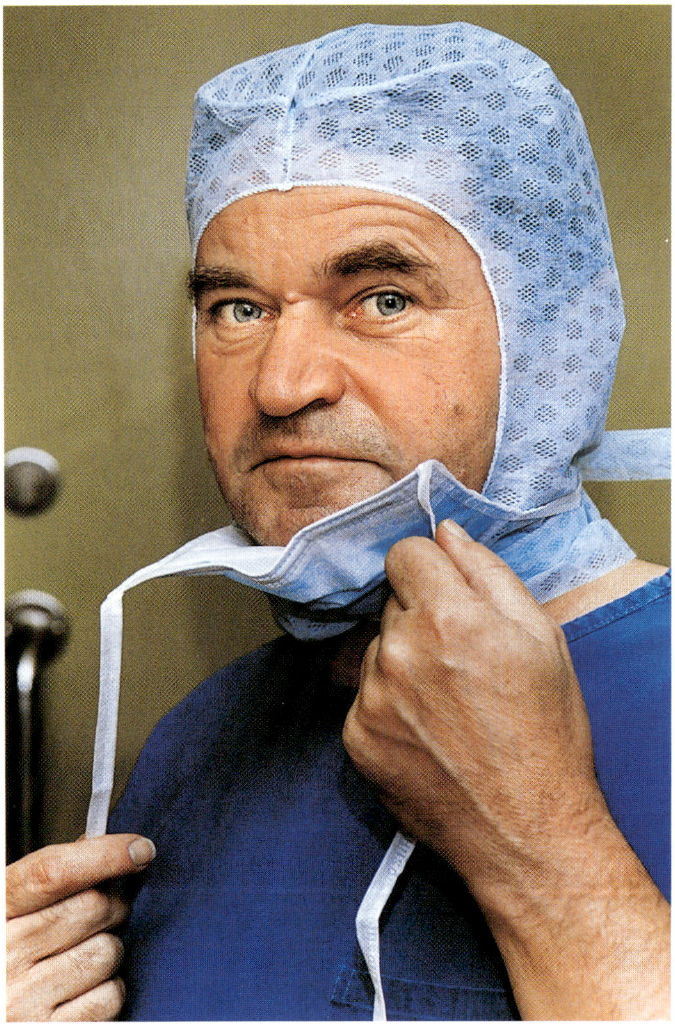

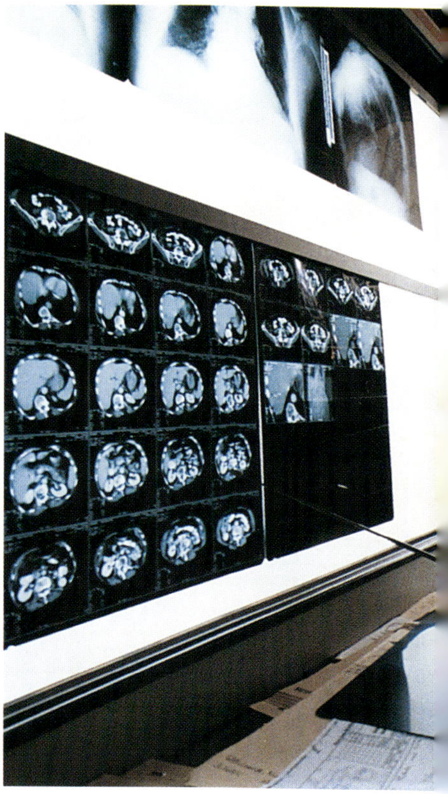

PRIV.-DOZ. DR. MED. R. SCHWANDNER

Chefarzt Chirurgische Abteilung
des Herz-Jesu-Krankenhauses in Fulda

Mein Sinn des Lebens:

Eine Antwort auf den Sinn des Lebens ist sicherlich das Streben nach Konzentration auf das Wesentliche. Das bedeutet, keine größeren Umwege aus Bequemlichkeit in Kauf zu nehmen, ein klarer Blick auf das Ziel und sich

nicht auf dem Erreichten auszuruhen.

EVA KNAUF

evangelische Pfarrerin von den Gemeinden Bieberstein und Dipperz

Mein Sinn des Lebens:

Etwas von Gottes Liebe sichtbar machen.

Vom Nebeneinander zum Miteinander.

Wegkommen vom „Wie du mir so ich dir“ zu Verstehen und Versöhnung.

Seine Möglichkeiten und Fähigkeiten entwickeln.

Ein Paar aus dem Landkreis Fulda

FRIEDER

Schäfer

Mein Sinn des Lebens:

„Entwicklung“

FRIEDER UND LISBETH

Schäferei Goldvlies

LISBETH
Schäferin

Mein Sinn des Lebens:

Jeder Mensch bekommt mit seiner Geburt einen Haufen Charakter- und Wesensschwächen mit in die Wiege. Im Laufe des Lebens begegnen uns jede Menge Menschen, mit denen und an denen wir uns verbessern können. Der Wille dazu und das Wissen um die eigene göttliche Kraft ist Voraussetzung. Wer um seine Kraft weiß, sie nicht zu leugnen vermag, muß auch die Konsequenz der Verantwortung tragen. Persönlich und allgemein. Die Probleme, die wir nicht zu lösen vermögen, bekommen wir spätestens im nächsten Leben wieder mit auf den Weg.

Der Sinn des Lebens ist, an den Schwierigkeiten zu wachsen, so wie Muskeln nur durch Arbeit stark werden. Das Erkennen der eigenen unglaublichen gottgegebenen Kraft, das Finden zur Kraft des Nächsten, um mit vereinten Kräften und mit Demut die Erde zu verwalten in gutem Sinne.

REINHOLD KALDEN

Dekan des Kirchenkreises Fulda

Mein Sinn des Lebens:

Die Frage nach dem Sinn des Lebens – wie ist sie in wenigen Sätzen zu beantworten?

Zwei Sätze aus der Heiligen Schrift will ich anführen: „Einen anderen Grund kann niemand legen außer dem, der gelegt ist: Jesus Christus“ (1 Kor 3,11).

Dieser Satz begleitet mich seit meiner Konfirmation und ist mir ein fester, zuverlässiger Grund geworden, auf dem ich Halt finde. Er trägt mich, er erlaubt mir, mich weit vorzuwagen und bewahrt mich vor dem Absturz. Christus, das Lebensfundament, ist die Grundlage für alles Fragen, Nachdenken und

Ausschauhalten nach dem Sinn des Lebens.
Der andere Satz steht im Johannesevangelium (14,6): „Ich bin der Weg, die Wahrheit und das Leben“, sagt Christus. Bei ihm finde ich Leben und Sinn. Bei ihm finde ich eine Wahrheit, die nichts verbirgt, die mich nicht täuscht, die freilich unbequem ist. Sie läßt sich erörtern, aber will geglaubt sein. Sie erschließt sich dem liebenden Vertrauen, nicht der Angst.
Es gibt einen Weg, auf dem ich Schritt für Schritt vorankommen kann. Rückschritte sind nicht ausgeschlossen, doch Christus bleibt der Weg, das Ziel, der Sinn.
Davon lebe ich, dafür lebe ich.

Ein Mensch aus dem Landkreis Fulda

ELKE POTH

Weltmeisterin im Armbrustschießen

Mein Sinn des Lebens:

Sinn des Lebens –
ist „das Leben“.
Das eigene Leben,
mit allen Höhen und
Tiefen, so zu erleben,
daß jedes Einschlafen

in **Zufriedenheit**

geschehen kann.

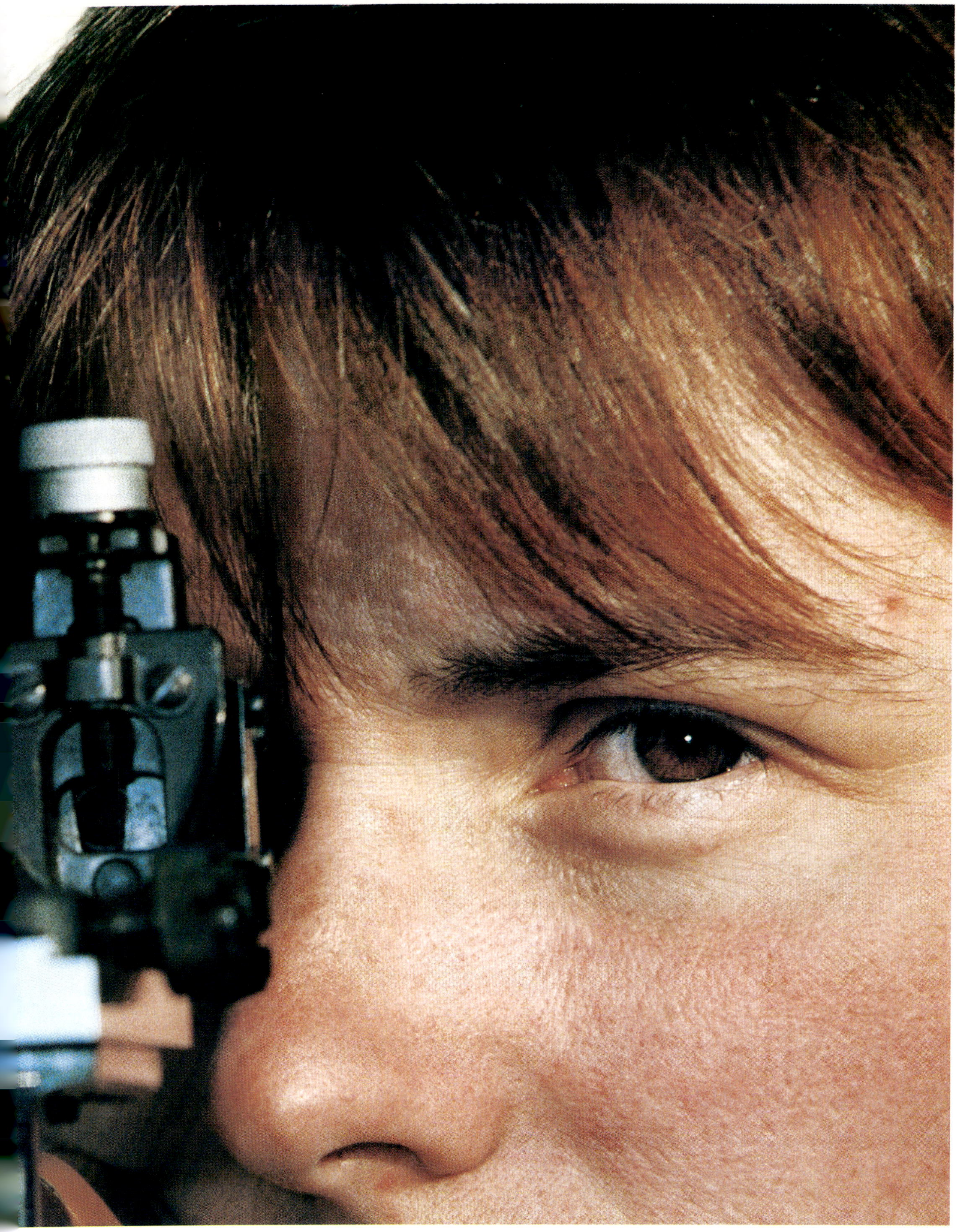

HARALD ALBERS
Yogalehrer

Mein Sinn des Lebens:

Erkenntnis:

Daß ich bin, ist mein ganzer Sinn.
Eine Schöpfung aus Liebe,
um glücklich zu sein und glücklich zu machen.

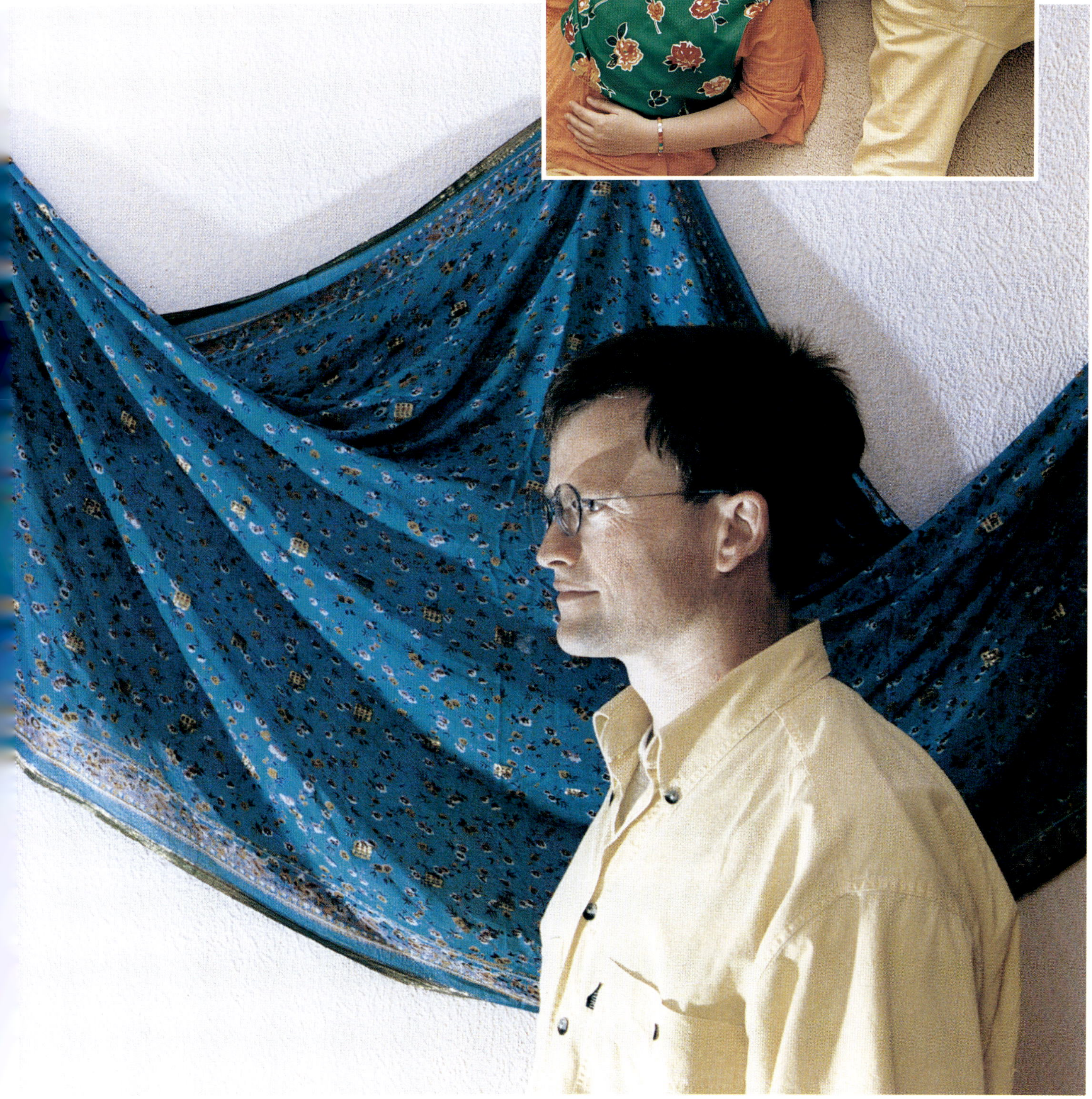

Ein Mensch aus dem Landkreis Fulda

Mein Sinn des Lebens:

Wie schön
Zu wissen, zu spüren, erfahren zu haben,
Es gibt ihn – den Sinn des Lebens!

Welch eine Freude
Täglich voller Sinn mit allen Sinnen
Da sein.
Zu wachsen
Zu dienen
Zu lieben – mich und die anderen Wesen
Das kleine Herz größer werden zu sehen
Bis es eins ist mit dem Göttlichen Herzen.

Das ist der Sinn.

MICHAELA ANANDA ALBERS

Hebamme, Dipl. Theologin

MARCEL KESSLER

Schüler

Mein Sinn des Lebens:

Der Sinn des Lebens ist für mich:

Friede, Freude, Eierkuchen, viel Gesundheit, eine glückliche Familie, und ich würde gerne ein **Fußballprofi** werden.

OPEL UND SPORT: ERFOLG IM TEAM
FC BAYERN MÜNCHEN
OPEL
DEUTSCHE NATIONALMANNSCHAFT
F.C. BAYERN MÜNCHEN

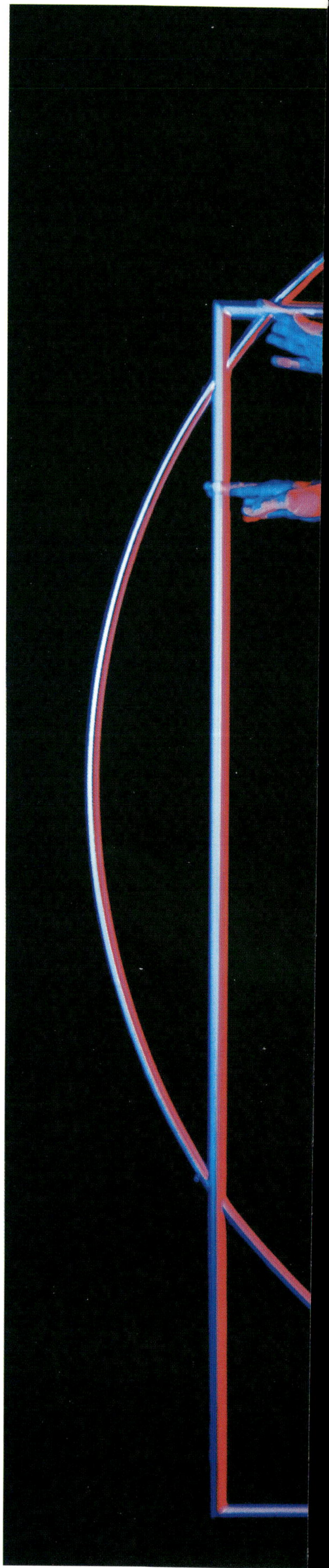

DIETER ALSHEIMER

Designer

Mein Sinn des Lebens:

Der Sinn des Lebens ist das Leben (an sich), bedingt durch Zeitlichkeit und darüber hinaus.

In der Zeitlichkeit sehe ich den Sinn im Erstreben von Idealen und Tugenden, wie

-Mitmenschlichkeit,
-Zufriedenheit und
-Selbstverantwortung in der Gesellschaft und Umwelt.

WINFRIED STUBINITZKY

Förster

Mein Sinn des Lebens:

Unser kurzes irdisches Leben ist nur eine Vorstufe zum „Ewigen Leben“. Deshalb sollten wir uns bemühen, trotz aller Schwachheit und Versuchung, an unserem Platz das Beste zu geben und in irgendeiner Form Gott zu dienen.

Für mich als Forstmann und Hobbylandwirt bedeutet das: Arbeiten in und mit der Schöpfung in Feld und Wald zur nachhaltigen Nutzung und Bewahrung. Dazu gehört auch der Umgang mit Menschen.

Beten und arbeiten, Pflichten erfüllen, Kinder auf- und erziehen machen ein Leben sinnvoll. **Nicht erfüllte Wünsche, sondern erfüllte Pflichten machen zufrieden.** Ansonsten werden nur Konsum und Gier nach immer mehr geweckt, und das schadet dem Menschen an Leib und Seele.

Leider gerät immer mehr in Vergessenheit, wieviel Freude eine gelungene, sinnvolle Tätigkeit geben kann. Es müssen nicht immer Urlaub und Feiern sein, um sich zu erfreuen. Auch teure Technologien zum „Spielen“ bringen auf Dauer keine Erfüllung.

Sich an den kleinen Dingen des Lebens zu erfreuen und dankbar zu sein, muß wieder neu begriffen werden.

WERNER PETRASCH

Bestatter

Mein Sinn des Lebens:

Ich möchte in Zufriedenheit und Harmonie mit meiner Familie, meinen Mitmenschen und mit mir leben. Ich kann zu Gott beten, wenn ich Trost und Hilfe suche, aber auch, wenn ich voller Freude bin. Ich habe eine Arbeit, die mir die Möglichkeit gibt, meiner Familie ein Zuhause zu geben.

Ein großer Bestandteil meines Lebens ist mein Beruf als Bestatter geworden. Der würdevolle Umgang mit den Verstorbenen und ihren trauernden Angehörigen gibt mir die Kraft für meinen Beruf, und ich fühle, daß dies für mich eine sinnvolle Tätigkeit ist, die mich als Mensch fordert.

Da sich dieser Beruf nicht zeitlich eingrenzen läßt, ist einerseits die ganze Familie mit gefordert, andererseits wird sehr viel über das eigene Leben und – durch den Umgang mit den Hinterbliebenen – das Sterben gesprochen. Dadurch ist mir bewußt geworden, daß es doch die unzähligen kleinen Dinge sind, die mein

Leben „sinnvoll" machen. Das Lachen meiner Kinder macht mich fröhlich. Wenn ich die Hände meiner Kinder in den meinen spüre, macht mich das zufrieden und dankbar. Das Wandern mit meiner Familie und unserem Hund in der Natur macht mich glücklich. Das Hören von klassischer Musik gibt mir Ruhe.

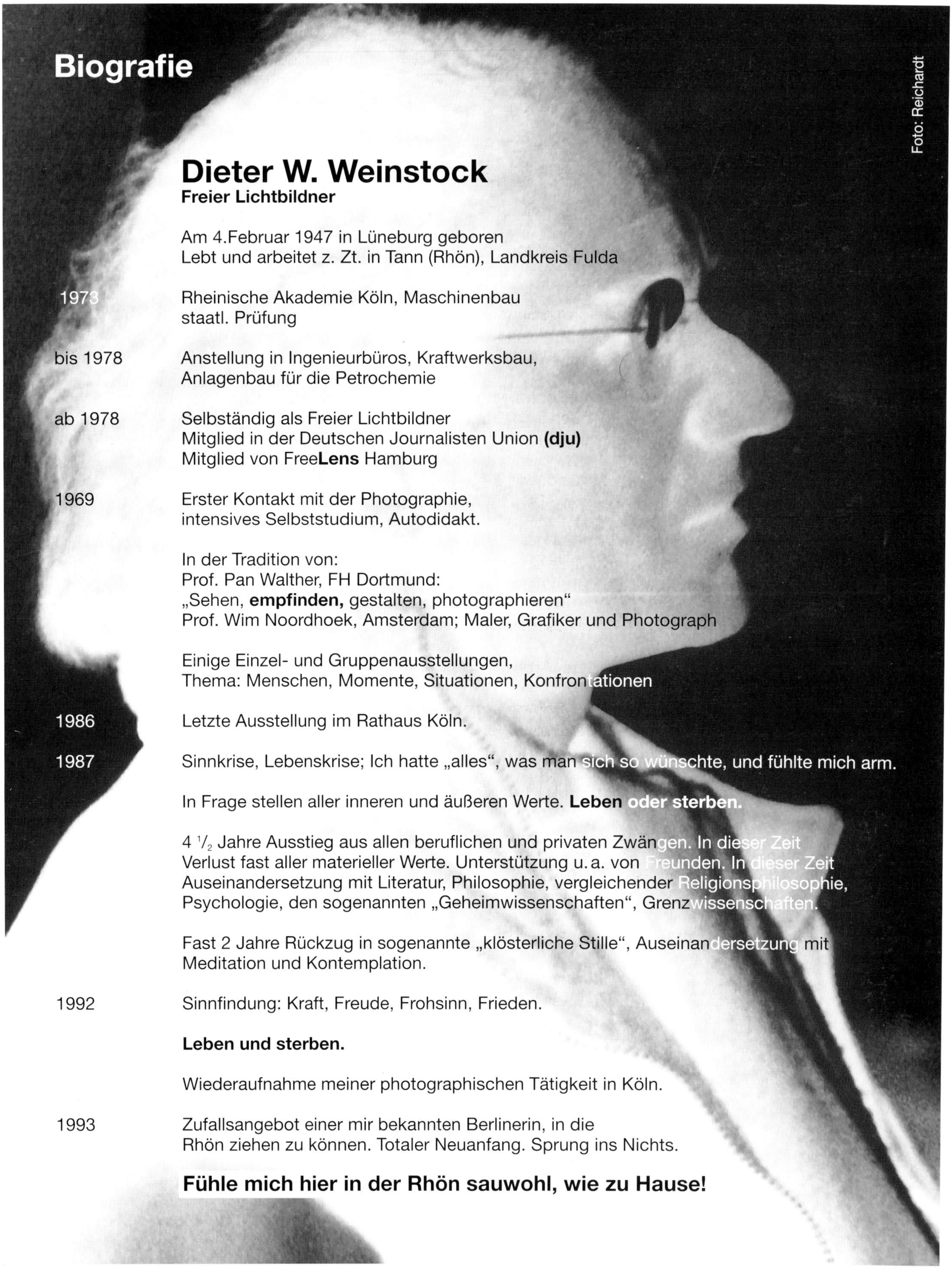

Foto: Reichardt

Biografie

Dieter W. Weinstock

Freier Lichtbildner

Am 4.Februar 1947 in Lüneburg geboren
Lebt und arbeitet z. Zt. in Tann (Rhön), Landkreis Fulda

1973	Rheinische Akademie Köln, Maschinenbau staatl. Prüfung
bis 1978	Anstellung in Ingenieurbüros, Kraftwerksbau, Anlagenbau für die Petrochemie
ab 1978	Selbständig als Freier Lichtbildner Mitglied in der Deutschen Journalisten Union **(dju)** Mitglied von Free**Lens** Hamburg
1969	Erster Kontakt mit der Photographie, intensives Selbststudium, Autodidakt.
	In der Tradition von: Prof. Pan Walther, FH Dortmund: „Sehen, **empfinden,** gestalten, photographieren“ Prof. Wim Noordhoek, Amsterdam; Maler, Grafiker und Photograph
	Einige Einzel- und Gruppenausstellungen, Thema: Menschen, Momente, Situationen, Konfrontationen
1986	Letzte Ausstellung im Rathaus Köln.
1987	Sinnkrise, Lebenskrise; Ich hatte „alles“, was man sich so wünschte, und fühlte mich arm.
	In Frage stellen aller inneren und äußeren Werte. **Leben oder sterben.**
	4 $^{1}/_{2}$ Jahre Ausstieg aus allen beruflichen und privaten Zwängen. In dieser Zeit Verlust fast aller materieller Werte. Unterstützung u. a. von Freunden. In dieser Zeit Auseinandersetzung mit Literatur, Philosophie, vergleichender Religionsphilosophie, Psychologie, den sogenannten „Geheimwissenschaften“, Grenzwissenschaften.
	Fast 2 Jahre Rückzug in sogenannte „klösterliche Stille“, Auseinandersetzung mit Meditation und Kontemplation.
1992	Sinnfindung: Kraft, Freude, Frohsinn, Frieden.
	Leben und sterben.
	Wiederaufnahme meiner photographischen Tätigkeit in Köln.
1993	Zufallsangebot einer mir bekannten Berlinerin, in die Rhön ziehen zu können. Totaler Neuanfang. Sprung ins Nichts.

Fühle mich hier in der Rhön sauwohl, wie zu Hause!

Projektdaten

Oktober 95	Idee: Koryphäen zum Anlaß der 175-Jahrfeier des Landkreises Fulda zu photographieren.
Dezember 95	Kontaktaufnahme mit Landrat Fritz Kramer und dessen Zusage.
bis Februar 96	Vorbereitungen und erste Kontaktaufnahme, Rundschreiben.
11. März 96	Erster Aufnahmetermin mit Ludwig Freiherr v. u. z. d. Tann.
April 96	Projektumbenennung in „Menschen aus dem Landkreis Fulda und Ihr Sinn des Lebens“.
15. Sept. 97	Letzter Aufnahmetermin Schäferei Goldvlies.
10. Oktober 97	Lieferung der letzten Layoutunterlagen.
13. Nov. – 15. Dez. 97	1. Ausstellung in der Zentrale der Kreissparkasse Fulda. Auslegen eines SINN-Buches. Der Besucher hat die Möglichkeit seinen SINN des Lebens in dieses Buch einzutragen.
19. April – 21. Juni 98	2. Ausstellung mit Aktionen von Künstlern. Veröffentlichung des SINN-Buches in der KUNSTSTATION KLEINSASSEN (Rhön) bei Fulda.
ca. 750 Stunden	Bei 50 Personen wurde pro Person mit 15 Std. kalkuliert. Dies beinhaltet Organisation, Aufnahmetermine, Filmeentwicklung und Kontakte ziehen, Auswertung der Kontakte, Photos für Druckvorlagen erstellen, Layout, Vergrößerungen für Ausstellung erstellen, rahmen und präsentieren. Alle phototechnischen Arbeiten wurden von mir im eigenen Labor ausgeführt. Die Finanzierung der Photographie und Präsentation wurde von mir getragen. Den photographierten Personen entstanden keine Kosten. Die Finanzierung der Bildbandproduktion teilten sich der Landkreis, die Kreissparkasse Fulda und der Verlag Parzeller.
Technische Daten:	Photographiert wurde zu 95 % mit vollmechanischen Nikon Kameras FM-2, mit Zoom Objektiven 4/25-50mm, 3,5/50-135, Super WW 3,5/15 mm, Konverter 2x und Zwischenringen. Hasselblad mit 50er, 80er, 150er. Linhof 53er, 100er, 180er. Als Filmmaterial fanden Fuji Neg. Mat. G 400, NPH 400 und Reala Verwendung. Entwickelt wurde im Prozeß C-41. Alle Vergrößerungen wurden auf Fuji Spezial Super SFA5 P Silk vergrößert und im Prozeß RA-4 entwickelt. Größe der Ausstellungsphotos: Color 40 x 50 cm bis 62 x 93 cm.

Für weitere Informationen stehe ich gerne zur Verfügung.

Dieses Buch ist für alle,

die erkennen,

daß der Friede des Ganzen

von den Anstrengungen

des Einzelnen nach der Suche

des SINN'S

abhängt.

Sinn Unsinn Frohsinn Trübsinn Scharfsinn Schwachsinn Wahnsinn **Sinn des Lebens** gı
Schwachsinn Wahnsinn **Sinn des Lebens** groß klein stark schwach hart weich Feuer V
Lebens schwarz weiß laut leise naß trocken glatt stumpf plus minus Sinn Unsinn Frohsinn T
gesund krank leben sterben Sinn Unsinn Frohsinn Trübsinn Scharfsinn Schwachsinn Wahns
Frohsinn Trübsinn Scharfsinn Schwachsinn Wahnsinn **Sinn des Lebens** Tag Nacht
Schwachsinn Wahnsinn Sinn Unsinn Frohsinn Trübsinn Scharfsinn Schwachsinn Wahnsinn
Trübsinn Scharfsinn Schwachsinn Wahnsinn **Sinn des Lebens** groß klein stark schwach
Wahnsinn **Sinn des Lebens** schwarz weiß laut leise naß trocken glatt stumpf plus minus
oben unten leicht schwer gesund krank leben sterben Sinn Unsinn Frohsinn Trübsinn Scha
Haben Sein Sinn Unsinn Frohsinn Trübsinn Scharfsinn Schwachsinn Wahnsinn **Sinn des**
Trübsinn Scharfsinn Schwachsinn Wahnsinn Sinn Unsinn Frohsinn Trübsinn Scharfsinn Schw
Unsinn Frohsinn Trübsinn Scharfsinn Schwachsinn Wahnsinn **Sinn des Lebens** groß klei
Schwachsinn Wahnsinn **Sinn des Lebens** schwarz weiß laut leise naß trocken glatt stump
rechts links oben unten leicht schwer gesund krank leben sterben Sinn Unsinn Frohsinn Tr
Ohnmacht Haben Sein Sinn Unsinn Frohsinn Trübsinn Scharfsinn Schwachsinn Wahnsinn
Frohsinn Trübsinn Scharfsinn Schwachsinn Wahnsinn Sinn Unsinn Frohsinn Trübsinn Scharfs
tief Sinn Unsinn Frohsinn Trübsinn Scharfsinn Schwachsinn Wahnsinn **Sinn des Lebens**
Scharfsinn Schwachsinn Wahnsinn **Sinn des Lebens** schwarz weiß laut leise naß trocken
Lebens rechts links oben unten leicht schwer gesund krank leben sterben Sinn Unsinn Froh
Macht Ohnmacht Haben Sein Sinn Unsinn Frohsinn Trübsinn Scharfsinn Schwachsinn Wahn
Frohsinn Trübsinn Scharfsinn Schwachsinn Wahnsinn Sinn Unsinn Frohsinn Trübsinn Scharfs
tief Sinn Unsinn Frohsinn Trübsinn Scharfsinn Schwachsinn Wahnsinn **Sinn des Lebens**
Scharfsinn Schwachsinn Wahnsinn **Sinn des Lebens** schwarz weiß laut leise naß trocken glat
rechts links oben unten leicht schwer gesund krank leben sterben Sinn Unsinn Frohsinn
Macht Ohnmacht Haben Sein Sinn Unsinn Frohsinn Trübsinn Scharfsinn Schwachsinn Wahn
Frohsinn Trübsinn Scharfsinn Schwachsinn Wahnsinn Sinn Unsinn Frohsinn Trübsinn Scharfs
tief Sinn Unsinn Frohsinn Trübsinn Scharfsinn Schwachsinn Wahnsinn **Sinn des Lebens**
Scharfsinn Schwachsinn Wahnsinn **Sinn des Lebens** schwarz weiß laut leise naß trocken
Lebens rechts links oben unten leicht schwer gesund krank leben sterben Sinn Unsinn Froh
Macht Ohnmacht Haben Sein Sinn Unsinn Frohsinn Trübsinn Scharfsinn Schwachsinn Wahn
Frohsinn Trübsinn Scharfsinn Schwachsinn Wahnsinn Sinn Unsinn Frohsinn Trübsinn Scharfs
tief Sinn Unsinn Frohsinn Trübsinn Scharfsinn Schwachsinn Wahnsinn **Sinn des Lebens**
Scharfsinn Schwachsinn Wahnsinn **Sinn des Lebens** schwarz weiß laut leise naß trocken
Lebens rechts links oben unten leicht schwer gesund krank leben sterben Sinn Unsinn Froh
Macht Ohnmacht Haben Sein Sinn Unsinn Frohsinn Trübsinn Scharfsinn Schwachsinn Wahn
Frohsinn Trübsinn Scharfsinn Schwachsinn Wahnsinn Sinn Unsinn Frohsinn Trübsinn Scharfs
tief Sinn Unsinn Frohsinn Trübsinn Scharfsinn Schwachsinn Wahnsinn **Sinn des Lebens**
Scharfsinn Schwachsinn Wahnsinn **Sinn des Lebens** schwarz weiß laut leise naß trocken
Lebens rechts links oben unten leicht schwer gesund krank leben sterben Sinn Unsinn Froh